JOURNÉE
DE
MONT SAINT-JEAN.

DE L'IMPRIMERIE DE PLASSAN,
RUE DE VAUGIRARD, N°. 15.

JOURNÉE
DE
MONT SAINT-JEAN;

Par PAUL.

A PARIS,

Chez LADVOCAT, Libraire, Éditeur des *Fastes de la Gloire*, galerie de bois du Palais-Royal, n° 197.

1818.

JOURNÉE

DE

MONT SAINT-JEAN.

Il a paru beaucoup d'écrits sur les événemens des cent jours ; sur cette campagne de soixante heures qui vit périr quarante mille Français, et dont les résultats ont été l'envahissement de la France, l'affaiblissement de ses finances, l'enlèvement des objets d'arts conquis par ses armes et garantis par les traités.

Si les hommes qui ont raconté ces désastres en avaient rappelé la véritable cause, je me tairais, et, pleurant sur le sort des braves, je vivrais de souvenirs. Mais ils ont donné le nom de mérite au hasard ; ils n'ont vu que de fausses manœuvres militaires dans la trahison. A la chambre des députés, un ministre a dit : *L'armée a été décimée aux plaines de Waterloo* (1)! Dernièrement, à la chambre des

(1) Discours de M. le duc de Richelieu, à la chambre des députés, en présentant la loi d'amnistie du 8 décembre 1815.

pairs d'Angleterre, lord Stanhope, dans un discours plus insensé qu'outrageant, a élevé la voix contre ma patrie et contre ses soutiens. Que ces hommes apprennent donc, par ce récit fidèle, comment et à quel prix la France fut conquise et vit son armée *décimée*.

Les raisons politiques qui se rattachent à ce grand événement, me forcent de remonter au débarquement de Napoléon, et aux causes qui l'ont amené.

Depuis six mois, des hommes qui avaient appartenu à la cour de Napoléon, profitaient avec habileté des erreurs de la vieille noblesse, grossissaient ses folles prétentions, et, pour irriter l'armée, publiaient qu'aux nobles seuls appartiendraient les grades militaires. Ils parlaient de féodalité, et de restitution des biens nationaux, dont trois millions de citoyens devaient être dépouillés. C'était le cri d'alarme de quelques hommes; ils en firent la volonté de tous, et inquiétèrent la nation.

Napoléon recevait toutes les nouvelles de Paris. Il savait ce qui se passait dans les cours étrangères; son nom était encore un épouvantail pour l'Europe; ses jours avaient été menacés, et le bruit courait qu'au congrès de Vienne on stipulait son exil à Sainte-Hélène.

L'ancien évêque d'Autun, Talleyrand, prince de Bénévent, représentait la France à ce fameux congrès; mais il n'avait plus cinq cent mille baïonnettes pour soutenir son génie politique. Napoléon le connaissait et comptait beaucoup sur lui; il comptait aussi sur la sage lenteur du cabinet autrichien, sur la fille des Césars (2), sur la générosité de l'empereur Alexandre, autrefois son admirateur et son ami (3); il espérait surtout que le souvenir de ses victoires lui ramènerait les compagnons de sa gloire, et il effectua son débarquement. Il reparut sur cette terre où, quinze ans auparavant, il avait été salué du titre de libérateur de la patrie. Alors la France était livrée aux factions, et il s'annonçait comme le conciliateur de tous les partis. Les triomphes qu'il venait de remporter sur une terre illustrée par les Paul-Émile et les Scipion, sa jeunesse, sa

(2) Napoléon épousa Marie-Louise, archiduchesse d'Autriche, le....

(3) Après la campagne de Prusse, Napoléon était au spectacle, à Erfurth, près de l'empereur Alexandre. On jouait Œdipe. Lorsque l'acteur eut dit ce vers:

L'amitié d'un grand homme est un bienfait des dieux!

Alexandre se leva et pressa Napoléon sur son cœur.

prudence, son patriotisme, inspirèrent la confiance et l'admiration ; sa présence étouffa les discordes, et les plus vertueux citoyens furent séduits.

Comme à son retour d'Egypte, l'homme de l'île d'Elbe reparut environné de grands souvenirs, le peuple se porta sur son passage. Il parla de liberté; on le crut : il avait combattu pour elle (4). Comme garant de sa parole, il

(4) Napoléon Bonaparte, général en chef de l'armée d'Italie, écrivait, le 17 avril 1797, la lettre suivante au prince Charles, archiduc d'Autriche :

« Les braves militaires font la guerre et désirent la paix. Depuis six ans, n'avons-nous pas fait assez de mal à la triste humanité! elle réclame de tous côtés. L'Europe qui avait pris les armes contre la république française, les a posées. Votre nation reste seule, et cependant le sang français va couler plus que jamais. Cette campagne s'annonce par des présages sinistres ; quelle qu'en soit l'issue, nous aurons perdu de part et d'autre quelques milliers d'hommes de plus, et il faudra bien que l'on s'entende, puisque tout a un terme, même les *passions haineuses.* Le Directoire avait fait connaître à S. M. l'empereur le désir de mettre fin à la guerre qui désole les deux peuples; l'intervention de la cour de Londres s'y est opposée. N'y a-t-il donc aucun espoir de nous entendre, et faut-il, pour les intérêts d'une nation étrangère aux maux de la guerre, que nous continuyions à nous entre-égorger ? Vous,

rappelait de l'exil et donnait les premiers emplois aux hommes de la nation qui avaient eu le courage de résister à son despotisme. Carnot fut ministre de l'intérieur; Lanjuinais présida la chambre des représentans ; le maréchal Brune (5), si long-temps éloigné du théâtre de sa gloire (6), fut chargé de la défense des

M. le général en chef, qui, par votre naissance, approchez du trône et êtes au-dessus des petites passions qui agitent les ministres et les gouvernemens, décidez-vous à mériter le titre de bienfaiteur de l'humanité et de vrai sauveur de l'Allemagne. Ne croyez pas par-là, M. le général, que je prétende qu'il ne vous soit pas possible de la sauver par la force des armes; mais dans la supposition que les chances de la guerre vous deviendraient favorables, l'Allemagne n'en sera pas moins ravagée. Quant à moi, M. le général, si l'ouverture que j'ai l'honneur de vous faire peut sauver la vie à un seul homme, je me tiendrai plus heureux de la couronne civique, que je me trouverais avoir méritée, que de la triste gloire qui peut revenir des succès militaires. »

(5) Le maréchal Brune a été assassiné à Avignon, le.... 1815. Ses assassins sont libres ; ils n'ont point été jugés.

(6) Le maréchal Brune commandait une des quatorze armées de la république, dans un temps où la France n'avait pas d'argent pour solder des troupes

Alpes, et il confia au général Travot (7) le soin de tranquilliser la Vendée. Mais à ces noms furent bientôt associés ceux des soutiens du despotisme. La France, par vingt-cinq années de gloire, avait conquis son indépendance; il fallait la respecter pour régner. Napoléon préféra octroyer son acte additionnel. Bientôt des hommes proscrits par l'opinion publique environnèrent sa personne, et Fouché de Nantes parut à la police générale. L'armée, ce sanctuaire de l'honneur, même dans les temps les plus corrompus de la révolution, eut pour la première fois des traîtres qui creusèrent son tombeau.

Cependant l'étranger armé menaçait la frontière. On ne vit plus le despote, le despotisme ni ses agens; on ne vit que la patrie: l'opinion resta muette, la frontière se couvrit de Français, et la campagne s'ouvrit.

L'armée avait reçu des renforts considérables; la défense des places fortes était confiée

étrangères, mais où elle offrait la gloire à ses soldats. La frontière était alors couverte de volontaires.

(7) L'acharnement que le duc de Feltre a mis à soustraire le général Travot à la clémence du roi, ne saurait trop se rappeler. J'espère que plus tard nous en aurons l'explication.

à ces illustres capitaines qui, en Espagne, avec une poignée de Français, surent long-temps arrêter les armées de Wellington. Les troupes, échelonnées dans les départemens du Nord, de l'Aisne et des Ardennes, prirent le nom d'armée du Nord. Cette armée paraissait devoir se charger des principales opérations de la campagne; elle était divisée en cinq corps, disposés de la manière suivante :

Le 8 juin 1815, le premier corps, sous les ordres du comte d'Erlon, avait son quartier-général à Valenciennes; le comte Reille était, avec le deuxième, à Maubeuge; le comte Vandamme, avec le troisième, occupait le pays entre Marienbourg et Chimay; le comte Gérard s'était porté sur Rocroy avec le quatrième; et le sixième, commandé par le comte de Lobau, avait pris position à Avesnes et dans les environs. La cavalerie, confiée au maréchal Grouchy, était divisée en quatre corps sous les ordres des généraux Pajol, Milhaud, Valmy et Excelmans.

La garde se mit en marche, le 10 juin, pour se porter sur Avesnes. Le 12, Napoléon la suivit; le 13, il coucha à Beaumont, où il établit son quartier-général, ayant avec lui la garde et le sixième corps. Il composa la gauche des premier et deuxième corps, fit porter le premier à Solre sur la Sambre, et le deuxième à Ham sur la Hure. Les troisième et quatrième corps, formant l'aile droite, prirent position, le troisième à Barbançon, et le quatrième à Philippeville. Toutes ces forces, ainsi concentrées, pouvaient offrir cent vingt mille hommes. Le maréchal Soult était major-général.

L'armée française avait à combattre les armées combinées du duc de Wellington et du maréchal Blucher. Wellington avait quatre-vingt mille hommes sous ses ordres, divisés en deux corps. Le premier était confié au prince d'Orange, et occupait Enghien, Braine, Lecomte, Nivelle et Soigne. Le général Hill avait pris position avec le deuxième corps à Ath, Grammont et Oudenarde. La cavalerie anglaise était placée entre Grammont et Ninove. Blucher marchait avec cent vingt mille hommes, divisés en quatre corps : le premier, commandé par Ziethen, le deuxième par Pirch, le troisième par Thielmann, et le quatrième par Bulow. Ces corps s'échelonnaient jusqu'au Rhin et s'appuyaient sur Fleurus, Ciney et Hanutte. L'éloignement des Russes, les troubles de l'Italie, qui retenaient l'armée autrichienne, faisaient espérer à Napoléon qu'il pourrait, comme dans la campagne de l'intérieur, manœuvrer entre ses ennemis, les diviser et les battre. La rapidité de sa marche pouvait seule les déconcerter et lui livrer la Belgique.

Le 14, Napoléon fit une proclamation à l'armée. Il parlait aux soldats de Fleurus, d'Arcole, de Marengo, d'Austerlitz, d'Jéna, de Friedland, etc., et c'était l'anniversaire de Marengo et de Friedland. Il ne dissimula ni les marches forcées, ni les batailles à livrer, ni les dangers sans nombre à supporter : loin de s'en effrayer, l'armée n'en devint que plus fière. Elle se rappelait qu'en Italie elle avait combattu un contre quatre, et que l'Italie fut conquise; qu'elle avait vaincu un contre six à Montmirail et à Champ-Aubert, et que partout, dans cette mémorable campagne de l'intérieur, les masses étrangères avaient cédé au petit nombre de guerriers français. Elle se croyait invincible; elle marchait pour la défense de la patrie; elle allait combattre pour sa propre cause : la trahison seule pouvait la détruire : des traîtres s'étaient introduits dans les rangs des braves. Quelques hommes, qui étaient nés Français, passèrent à l'ennemi (8) la veille d'une bataille..... Ces défections devaient faire connaître l'état des forces et le plan d'attaque; aussi Napoléon, après avoir employé la journée à changer ses dispositions, fit marcher en toute hâte, afin de joindre l'ennemi, qu'il atteignit le même soir. L'armée française, par la rapidité de sa marche et les combinaisons de son général, menaçait d'enfoncer les armées alliées et de les rejeter, l'une sur l'Escaut, l'autre derrière la Meuse.

Le 15, à la pointe du jour, Napoléon mit ses troupes en mouvement. Il se porta à Jumignan-sur-Heure, et dirigea le deuxième corps sur Thuin, où le général Ziethen, avec un corps de trente mille hommes, voulait s'établir. Les avant-postes prussiens furent culbutés; ils n'eurent que le temps de se retirer sur Charleroy et Marchiennes-au-Pont. La cavalerie légère du deuxième corps, après avoir plusieurs fois entamé les carrés ennemis, les traversa et prit position pour leur disputer le passage de la Sambre, devant Charleroy, où il y eut un engagement sérieux. Les Prussiens

---

(8) Le général Bourmont, les colonels Clouet et Villoutray, et quatre autres officiers.

se retirèrent dans un tel désordre qu'ils ne purent faire sauter le pont. A midi, le général Pajol entra dans Charleroy ; l'armée y retrouva des frères. Le général Reille venait de passer la Sambre à Marchiennes, après avoir culbuté quelques bataillons, qui gênaient sa marche ; il continua à manœuvrer sur le flanc droit des Prussiens, en les éloignant de l'armée anglaise, et en les rejetant sur Fleurus : il était trois heures et demie ; le troisième corps venait de déboucher par Gilly et était en ligne. A cinq heures, il tourna la position de Fleurus, enfonça l'ennemi et le contraignit de se retirer sur Namur. Les Français, maîtres de Fleurus, bivouaquèrent sur les hauteurs qui environnent ce village, et où, vingt ans auparavant, avaient flotté pour la première fois les étendards de la république (9). L'aile gauche, après avoir fait lâcher pied à quelques brigades belges, qui voulaient lui barrer le passage, s'établit à Grosselie. La cavalerie légère

(9) L'armée française était accoutumée à triompher dans les plaines de Fleurus. Le maréchal de Luxembourg y avait gagné une grande bataille. Sous la république, deux victoires y avaient été remportées par Jourdan. L'une est due à l'intrépidité du général Lefévre, aujourd'hui maréchal, duc de Dantzick.

de la garde poussa jusqu'à Frasne (10). Napoléon, après avoir placé ses lignes avancées, rentra à huit heures dans Charleroy, ayant autour de lui la garde, et laissant derrière la Sambre le sixième corps et une portion de la grosse cavalerie.

Dès que Blucher eut connaisance de ces événemens, il se porta avec les deuxième et troisième corps au-devant du corps de Ziethen, battu à Fleurus; il le rencontra à Sombref, se retirant dans le plus grand désordre. Le quatrième corps avait suivi le mouvement des deuxième et troisième corps. Blucher, ayant ainsi concentré ses forces, se disposa à une affaire générale; il appuya sa droite sur Sombref, sa gauche sur Bry, et fit créneler les villages de Saint-Amant et de Ligny, sur lesquels il appuya son centre. La marche rapide de Napoléon, les brillans résultats de Fleurus, avaient forcé Wellington à changer son plan de campagne; mais, à la nouvelle du mouvement de l'armée prussienne, il fit porter toutes ses forces sur les routes de Nivelles, Namur, Bruxelles et Charleroy, et prit position sur la lisière du Bois-le-Bossu, près la ferme des Quatre-Bras.

(10) L'armée eût à regretter le général Letort.

Le 16, l'armée française prit les armes à la pointe du jour. Le maréchal Grouchy, chargé de l'aile droite, se porta sur Sombref, d'où, ayant aperçu les lignes de Blucher, il disposa le troisième corps en face de Saint-Amant, et le fit appuyer par la quatrième division du deuxième corps. Le quatrième se rangea en bataille en face de Ligny. Une division d'infanterie et la cavalerie du général Pajol étaient échelonnées devant Sombref. L'aile gauche, composée du premier corps, de trois divisions du deuxième et de la cavalerie du comte de Valmy, avait été confiée au maréchal Ney : elle devait agir séparément contre les Anglais, afin de s'opposer à leur jonction avec l'armée prussienne.

Ces trois divisions s'étaient portées le matin, avec une formidable artillerie, sur les hauteurs de Frasne, en face des Quatre-Bras et du Bois-le-Bossu. Le premier corps et deux divisions de cavalerie, formant la réserve, tenaient position entre Saint-Amant et les Quatre-Bras; ainsi ce corps pouvait, au besoin, communiquer avec l'aile gauche du maréchal Grouchy. La garde et le sixième corps défilaient par Fleurus, et marchaient sur Ligny; ils devaient former la réserve avec un corps de grosse cavalerie.

Il était deux heures, lorsque le feu s'engagea sur toute la ligne. Les Prussiens avaient couronné les hauteurs du moulin de Bussy; sur tous les points ils présentaient de fortes masses d'infanterie et une immense artillerie.

Le maréchal Grouchy fit avancer le troisième corps sur Saint-Amant; une de ses divisions tourna ce village par la gauche, la quatrième division du deuxième corps par la droite, et le reste du troisième se porta sur son front. Il fallut céder à l'armée française, qui, avec son impétuosité ordinaire, renversait tout ce qui se rencontrait sur son passage.

Mais les Prussiens, ayant plusieurs fois renouvelé leurs masses d'infanterie, disputèrent long-temps ce village : aussi les Français ne parvinrent qu'avec peine à s'établir dans le cimetière; malgré leur petit nombre, il ne fut plus possible de les déloger.

Tandis que Saint-Amant tombait au pouvoir des Français, le quatrième corps se portait sur Ligny, et avait à souffrir du feu des *meurtrières* que l'ennemi avait pratiquées dans les maisons. Les Prussiens y avaient amené la presque totalité de leurs forces. Pendant cinq heures ce village fut le théâtre du plus horrible carnage ; les larges fossés, les défilés qui le bordent, en rendaient les approches difficiles. Le général Roguet s'y porta à la tête de deux bataillons de la garde. A leur vue les Prussiens se sauvèrent, et Ligny, après avoir été pris et repris sept fois, demeura aux Français.

L'aile droite avait eu un engagement peu sérieux devant Sombref. Le maréchal Blucher voulut faire un dernier effort pour nous déloger de Saint-Amant, et il s'y porta lui-même, à la tête d'une forte colonne d'infanterie. Après une longue résistance, les Français furent forcés de plier.

Napoléon détacha aussitôt le premier corps du maréchal Ney, afin d'appuyer la gauche du maréchal Grouchy. Après une résistance opiniâtre, les Prussiens se retirèrent, et à huit heures du soir, sur des tas de morts, les Français pénétrèrent dans Saint-Amant, et s'y établirent.

Le maréchal Ney, avec ses trois divisions, avait remporté des avantages signalés sur les armées anglo-belges ; et, malgré les renforts considérables qui leur arrivaient par les routes de Bruxelles et de Nivelles, ils furent forcés de céder au vainqueur de la Moskowa. Cet illustre capitaine (11) s'était accoutumé à triompher des difficultés; aussi, non-seulement il soutint les efforts des ennemis, mais même il s'empara de leurs positions, et pénétra dans le Bois-le-Bossu. Il avait été bien secondé par la cavalerie légère du deuxième corps, dont les charges brillantes détruisirent une partie des Écossais.

Wellington s'aperçut bientôt devant quel petit nombre de guerriers ses soldats se retiraient; il les rallia et se porta de nouveau sur le Bois-le-Bossu. Le maréchal Ney fit charger la brigade de cuirassiers du général Guiton, qui se porta en avant avec une rare bravoure : malgré le feu des ennemis, qui en détruisit un grand nombre, elle s'empara du drapeau du soixante-quatrième régiment de ligne anglais.

Cependant cette charge ne fut point heureuse, et on crut y voir de la trahison; car une centaine de cuirassiers s'étant retirés dans le plus grand désordre, firent entendre ces mots : *Sauve qui peut! nous sommes trahis, tout est perdu!* Ce bruit se répandit bientôt

---

(11) A la Berezina, le maréchal Ney sauva les restes de l'armée de Moscou.

sur les derrières de l'armée, et les traîtres, grossissant le nombre des fuyards, jetèrent l'épouvante parmi les soldats blessés qui gagnaient Charleroy. La brigade de cuirassiers Roussel se porta au trot devant cette colonne et l'arrêta. Les généraux Hubert et Vattier, à la tête de leur cavalerie légère, exécutèrent de nouvelles charges avec le succès du matin. Alors le combat se rétablit. Le maréchal Ney manœuvra devant l'armée anglaise, qui se maintint dans ses positions le reste de la journée.

Ligny, Saint-Amant, Sombref, Frasne étaient au pouvoir des Français.

Le premier corps, qui avait été envoyé pour soutenir le village de Saint-Amant, fut chargé de la poursuite des Prussiens. Le sixième corps avait reçu l'ordre de suivre son mouvement. Cependant des traîtres devaient encore nous faire perdre le fruit de cette journée. Deux hommes revêtus de l'habit d'officier, arrivèrent à peu de distance l'un de l'autre près de Napoléon, annonçant que le comte d'Erlon venait de faire vingt-cinq mille prisonniers, et qu'à chaque instant ce nombre augmentait. D'après ces faux rapports, Napoléon, jugeant que le premier corps suffisait pour contenir les Prussiens qui voudraient se jeter sur la droite, arrêta le mouvement du comte de Lobau. Il était dix heures du soir; l'armée, harassée de fatigue, prit ses positions et coucha sur le champ de bataille.

Le 17, à la pointe du jour, Napoléon, avec sa garde et le sixième corps, se porta sur les Quatre-Bras, dans l'intention d'attaquer les Anglais. Il y trouva le maréchal Ney en mesure de suivre ses opérations. Une pluie continuelle retarda la marche de l'artillerie du sixième corps, qui ne fut rendu à Frasne qu'à onze heures. Les Anglais, qui avaient paru faire bonne contenance, n'avaient manœuvré ainsi que pour masquer leur retraite. Napoléon mit à leur poursuite les cuirassiers et les lanciers (12), qui ayant atteint à Genappe la cavalerie anglaise, la culbutèrent, et, après lui avoir tué un grand nombre d'hommes, la forcèrent de se retirer.

L'armée de Wellington, harcelée jusqu'à la nuit, se replia, et s'étant appuyée à la forêt

(12) Le colonel Lesourd soutint, avec son seul régiment, la charge d'une division de cavalerie anglaise. Son bras droit tomba haché à coups de sabre. Après la charge, ses lanciers emportèrent ce bras et l'ensevelirent religieusement.

de Soigne, opposa assez de résistance pour qu'on ne pût espérer de l'en chasser ce jour-là.

Le maréchal Grouchy, avec les troisième et quatrième corps, manœuvrait sur la droite des Prussiens et les rejetait sur Vavres. Le premier corps avait suivi le sixième. Les pluies de la journée avaient fatigué l'armée. Napoléon la fit camper à Genappe et dans les environs: il établit son quartier-général à la ferme de Caillou, près Planchenois.

Napoléon voulait arriver à Bruxelles le lendemain, et il pouvait l'espérer sans témérité. Le 15 et le 16 les Prussiens avaient beaucoup souffert, et depuis ils n'avaient pu se réunir. Les nouvelles de la Belgique annonçaient la plus grande consternation, à Bruxelles et à Anvers même. On était occupé de faire évacuer les blessés, les équipages et les divers objets de guerre qui se trouvaient dans ces villes et dans les environs. La forêt de Soigne était encombrée de chariots brisés, de caissons d'artillerie et d'une immense quantité de blessés; enfin le plus grand désordre régnait sur les derrières de l'armée anglaise (13).

(13) La retraite paraissait tellement impossible que, lorsque le lendemain matin le général Posomby vint

Cependant, avec le jour, on vit que Wellington non-seulement avait conservé ses positions, mais qu'il se préparait à asseoir ses lignes pour une affaire décisive : son quartier-général était à Waterloo. Il fit garnir le plateau du Mont Saint-Jean, jusqu'à la ferme de la Haye Sainte, de ses masses d'infanterie. Cette ferme servait de point d'appui à son centre, commandé par le prince d'Orange ; l'aile droite s'appuyait sur la ferme de Merkebraine, ayant devant elle celle d'Haugoumont : elle s'étendait sur la route de Nivelle. L'aile gauche était défendue par un ravin et la ferme de Terre-la-Haye ; elle s'appuyait sur Richemont.

Pendant la nuit, l'armée française avait eu beaucoup à souffrir des pluies, et elle avait encore éprouvé de nouvelles défections. Napoléon, après avoir reconnu les dispositions de Wellington, expédia l'ordre au maréchal Grouchy de se porter sur Ohain avec le troisième corps et la division Teste du sixième, afin d'appuyer le comte de Lobau, qui, avec

---

demander à Wellington s'il avait nommé quelqu'un pour lui succéder en cas d'événement, Wellington répondit : « Non, car nous devons tous mourir dans ce lieu. »

ce qui lui restait de son corps d'armée, devait commencer l'attaque en enlevant le plateau de Mont Saint-Jean. Le deuxième corps, destiné à marcher contre l'aile droite de l'armée anglo-belge, se porta sur le terrain, entre Nivelle et Bruxelles; il se joignait par sa droite au premier corps, qui s'étendait en face de Terre-la-Haye. Le comte de Lobau tenait l'extrême droite; presque toute la cavalerie était flanquée sur les deux ailes : la garde était en réserve sur les hauteurs de Planchenois.

A dix heures, Napoléon ayant appris que deux officiers supérieurs venaient de passer à l'ennemi, jugea nécessaire de changer son plan d'attaque; il donna de nouveaux ordres, et fit dire au maréchal Grouchy de venir le joindre avec toutes ses forces, et de ne laisser à Vavres qu'une seule division. Le maréchal Ney fut chargé du commandement des premier et deuxième corps.

L'attaque commença à midi. Le prince Jérôme, faisant partie du deuxième corps, se porta avec sa division sur la ferme d'Haugoumont, dont les bâtimens avaient été percés de *meurtrières;* une fusillade très-vive s'engagea. Le prince, en gagnant du terrain, perdit une partie de sa division. L'aile gauche, le centre et l'aile droite s'avançaient graduellement. A deux heures, l'ennemi avait perdu sa première ligne de bataille, et ses ouvrages avancés étaient couronnés par l'artillerie française. Cependant la ferme d'Haugoumont n'était pas encore au pouvoir des Français; le bois auquel elle était appuyée était couvert de morts, et le maréchal Grouchy n'arrivait pas. Les hommes envoyés vers lui avaient été pris, tués, ou avaient passé à l'ennemi. Le bruit a couru depuis qu'un officier de son état-major livrait les ordres de Napoléon au maréchal Blucher; mais on ignorait ces monstrueux détails. Le feu qui s'engagea à deux heures trois quarts, dans la forêt de Soigne, en face de notre extrême droite, atteste la trahison et devait faire agir Napoléon comme il le fit. Il ne pouvait douter que ce feu de mousqueterie ne fût celui du maréchal Grouchy, dont les Prussiens voulaient gêner la marche, et il donna l'ordre d'enlever le plateau de Mont Saint-Jean. La cavalerie, flanquée sur les ailes, eut ordre de charger sur les pièces. Cinq cents bouches à feu vomissaient partout la mort; l'infanterie s'opposait à l'infanterie; la cavalerie à la cavalerie, et dans ces chocs terribles, des régimens entiers furent détruits. A trois heures et demie le plateau de Mont Saint-Jean était à l'armée française.

Wellington, livré à ses propres moyens, était vaincu (14). La déroute était complète sur toute la ligne anglaise. Le prince d'Orange, quoique blessé, avait l'honneur de tenir seul le champ de bataille; mais la trahison agissait toujours dans nos rangs. Des hommes en habit de généraux répandaient partout le bruit que nous étions perdus, et cependant l'étranger fuyait devant nos colonnes. Comme à Vittoria, Wellington tira parti des avis qu'il recevait; les traîtres lui annonçaient aussi l'arrivée de Blucher, et bientôt il aperçut le corps de Bulow qui, ayant été dirigé par Saint-Lambert et Frichemont, arrivait à Ohain sur la ligne d'opérations: il ne douta plus des rapports des transfuges; il compta, par-dessus tout, sur les intelligences qu'ils s'étaient ménagées dans nos rangs, et se disposa à nous attaquer. Le feu de mousqueterie de la forêt de Soigne, qui avait

(14) A une heure et demie, un général belge dit à un chef d'escadron de cuirassiers français avec lequel il avait servi, et qui avait été pris dans la charge : « Je me suis rendu près de lord Wellington pour lui demander des ordres; mais il est tellement accablé, qu'il est impossible de rien en tirer. »

cessé sans qu'on vît arriver le corps du maréchal Grouchy, annoncèrent à Napoléon qu'il était encore trahi. La nuit, qui approchait, lui donnait l'espoir non-seulement de conserver les positions qu'il venait d'enlever, mais de s'emparer de toutes celles qui restaient à l'ennemi, avant que l'on pût s'apercevoir du petit nombre de ses forces. Il ignorait que, de quart d'heure en quart d'heure, on livrait ses mouvemens à l'armée anglaise.

Il était cinq heures et demie; le combat allait changer de face. Le comte de Lobau ayant reconnu le corps de Bulow, se porta à sa rencontre avec la cavalerie du général d'Aumont; Napoléon forma une quatrième colonne, composée de la garde, et donna des ordres pour soutenir ce mouvement.

Enfin, ces vieux enfans de la victoire s'ébranlèrent. A leur tête on voyait les vainqueurs de l'Egypte, de l'Allemagne, de l'Italie; des légions de héros, qui avaient triomphé dans cent batailles, marchaient, les uns comme chefs, les autres comme soldats. A des colonnes aussi imposantes succédèrent d'autres colonnes; la mitraille moissonnait partout les braves. Le Bayard moderne, Cambronne (15),

(15) Jamais homme n'a été plus digne que Cam-

s'étant avancé avec quelques-uns des siens, fut sommé de se rendre : « *La garde meurt, elle ne se rend pas !* » dit-il ; et ce cri immortel fut répété dans tous les rangs. Ils ne pouvaient plus vaincre, ils marchèrent à la mort. La nuit, moins cruelle que ces braves, sauva les restes de l'armée. Les mots de *Sauve qui peut! nous sommes trahis*, se font encore entendre. Alors tout fuit, tout se presse, tout se confond ; le soldat cherche en vain des officiers pour la retraite : les uns avaient péri ; les autres, grièvement blessés, avaient été portés sur les derrières de l'armée ; d'autres réclamaient peut-être le salaire de leur trahison. Au milieu de ses souffrances et de la nuit, l'armée, mutilée, arriva à Charleroy ; elle reçut des généreux habitans de cette ville les soins que l'hospitalité prodigue à des frères. Ils avaient été Français : ils pleurèrent sur nos désastres.

Le maréchal Blucher, étant arrivé à dix heures sur le champ de bataille, se disposa à suivre les malheureux débris de l'armée fran-

bronne du surnom de *Bayard*. Il hérita de ce titre à la mort du maréchal Lannes. Cambronne, après la mort de La Tour d'Auvergne, fut proclamé, par les soldats, premier grenadier de France. Il refusa, en disant que ce titre appartenait à tous les soldats français.

çaise. Les Anglais et les Belges, harassés de fatigue, reposèrent sur ces plaines de deuil et de carnage. Mais, que le reveil fut cruel aux Belges ! ils voyaient, étendus sur la poussière, ces héros, parmi lesquels on les comptait autrefois. Les uns reconnaissaient les soldats de Saint-Jean-d'Acre; d'autres retrouvaient des compagnons de Marengo. Celui-ci pleurait un brave d'Austerlitz; celui-là un ami qui lui avait sauvé la vie. Ils s'étaient juré une amitié éternelle, et, peut-être, ils venaient de se donner la mort ! Ici, le drapeau du quarante-cinquième fut trouvé, enseveli sous les corps des guerriers chargés de le défendre. Sur ses lambeaux, le sang laissait à peine distinguer les noms d'Iéna, d'Eylau, d'Austerlitz et de Wagram. Là, périrent les Écossais; plus loin, des colonnes entières de la garde furent détruites; d'un autre côté, des régimens entiers de cavaliers anglais gissaient pêle-mêle avec des cavaliers français. Au milieu de ces scènes d'horreur, on vit un dragon expirant, ayant à ses pieds huit Anglais : il fut reconnu pour avoir en Espagne, lui dixième, avec le général Mouton Duvernet, arrêté une colonne de quatre mille hommes (16). On remarquait la

(16) A l'affaire d'Urles en Espagne, le général Mou-

place où le prince d'Orange fut blessé; celle où Napoléon, après avoir chargé plusieurs fois à la tête de la garde, s'était avancé, avec son frère, pour trouver la mort; là avaient marché comme soldats, à la tête du deuxième régiment de la garde, Ney, Soult, les deux frères Lallemand, d'Erlon, Labédoyère, Bertrand, Gourgaud, Déjean, Flahaut, Roguet, Poret, Christiani, Petit, Chartram, Corbineau, etc. Les soldats de tous les peuples avaient fait leur devoir; aucune gloire ne s'était démentie. En voyant ces champs de carnage, on pouvait dire que les lauriers de l'Europe étaient venus s'y amonceler.

L'armée du maréchal Grouchy n'avait reçu que le 18, à sept heures du soir, les ordres

ton Duvernet, alors colonel du premier régiment, jeune garde, après s'être emparé de la ville d'Urles, défendue par huit mille hommes, réunit quelques officiers et quatre à cinq dragons, et se mit à la poursuite de l'ennemi. Il arriva devant une colonne de quatre mille hommes; il la longea par son flanc; il tourna sur elle pour l'arrêter et pénétra dans son centre, où il enleva un drapeau après avoir tué l'officier qui le portait. Pendant ce temps, le premier régiment et les restes de la division arrivèrent, et les quatre mille hommes mirent bas les armes. Voyez le rapport du général en chef, au ministre de la guerre.

de Napoléon, et elle s'était de suite mise en marche. La division Vichery avait culbuté les Prussiens, et s'était établie à Limaille. Le 19 au matin, la division Teste se porta sur le village de Bielge, et s'en empara. Le comte Vandamme couronna les hauteurs de Vavres. L'armée avait dépassé Rozierne lorsqu'elle apprit la nouvelle désastreuse de Waterloo, et le passage de la Sambre par les Prussiens. Le maréchal Grouchy, ayant ainsi l'ennemi sur son flanc, donna des ordres pour effectuer la retraite sur Namur. Il dirigea le quatrième corps par la route de Charleroy, et le troisième par celle de Temploux. Le 20, l'armée de ce maréchal était à Dinan, le 22 à Rocroy, le 24 à Réthel, avec trente mille hommes, et un matériel intact. Il fit sa jonction avec les restes de Mont-Saint-Jean qui, après avoir passé la Sambre à Marchiennes et à Charleroy, s'étaient dirigés par Avesnes et Philippeville. Ralliée à Laon, par les soins du maréchal Soult, l'armée présentait encore quarante-cinq mille hommes de toutes armes. Les dépôts pouvaient aisément fournir de quinze à vingt mille bons soldats. Ainsi les forces concentrées de l'armée du Nord formaient un effectif d'au moins quatre-vingt-dix mille hommes.

Les armées du Rhin, de la Moselle, des Pyrénées, des Alpes, et des divers corps d'observation, n'offraient rien de remarquable. Le quartier-général de l'armée du Nord était le 25 à Soissons; le 27, l'ennemi occupait la forêt de Compiègne. Le comte d'Erlon fut dirigé par Senlis; le comte Reille prit position à Gonesse, le comte Vandamme à Montreuil; le quartier-général était à Dammartin. Les diverses affaires qu'on avait eues avec l'ennemi avaient toujours été à l'avantage des Français, mais les forces immenses que l'étranger présentait sur tous les points contraignirent l'armée française à se replier et à se concentrer sur Paris. Le maréchal Davoust en prit le commandement en chef.

On voulait défendre Paris. Un corps de quarante mille hommes aurait manœuvrer devant le centre de l'ennemi; les cinquante mille hommes restant, divisés en quatre colonnes, pouvaient, en traversant la capitale, se porter, en moins d'une heure, sur tous les points. L'esprit de l'armée était retrempé : elle était convaincue que la trahison seule avait causé ses désastres. Le peuple demandait des armes, et paraissait disposé à se défendre. Les succès remportés par la cavalerie légère du côté de Versailles et de Roquencourt, inquiétèrent Blucher. Il est à remarquer qu'il n'y eut pas une seule désertion parmi les soldats : ceux qu'on rencontrait dans la capitale étaient ou malades, ou grièvement blessés. Tandis que le peuple prodiguait ses soins à nos guerriers, des femmes, la honte de leur sexe, et que leurs vêtemens distinguaient de la bourgeoisie, insultaient au courage malheureux.

Le 3 juillet, une convention entre les Français et les armées alliées fut signée. L'armée française devait, en huit jours, se retirer de l'autre côté de la Loire ; elle pouvait emmener son matériel, son artillerie de campagne, ses chevaux, les propriétés des régimens, sans aucune exception.

Le 4, l'armée se mit en mouvement. A midi, Saint-Ouen, Saint-Denis, Clichy et Neuilly étaient occupés par les étrangers ; on leur remit, le 5, les hauteurs de Montmartre, et le 6 toutes les barrières de Paris. Le Roi était à Saint-Denis. Le 7 juillet, quarante mille Prussiens occupèrent Paris. Enfin, le 8, le Roi arriva dans la capitale, où il s'était fait précéder par cette belle proclamation du 28 juin 1815. (*Voyez pag. 32.*)

L'armée était de l'autre côté de la Loire; les soumissions qu'elle envoyait de toutes parts, annonçaient qu'elle était prête à défendre la patrie et le trône. Les étrangers, tant de fois vaincus par elle, savaient comment et à quel prix ils avaient obtenu leurs succès. Un drapeau ralliait nos guerriers; la sainte devise: *Honneur et Patrie*, les soutenait; l'ombre de la grande armée pouvait encore enfanter des miracles. Le licenciement fut exigé dans l'intérêt de tous; il fallut l'accorder. Un homme, élevé par le sang français aux premières dignités militaires, mais d'origine étrangère, Macdonald (17), fut chargé du licenciement. Ils se séparèrent donc ces vieux compagnons de vingt-cinq années de gloire, n'emportant avec eux que de nombreuses cicatrices, des lauriers, et de grands souvenirs! Prodigues pour la patrie de la plus belle partie de leur vie, ils allaient consacrer le reste à la nourrir.

La charrue a remplacé le glaive. La grande armée n'existe plus!

Les mânes des braves réclament des tombeaux.

(17) On a remarqué que les hommes qui, dans la discussion de la loi de recrutement, se sont montrés le plus contraires à la réorganisation de l'armée qui

les avait élevés, étaient d'origine étrangère. Les ducs de Tarente, de Feltre, de Fitjames, et le marquis de Lauriston, sont d'origine anglaise, écossaise ou irlandaise.

(17) PROCLAMATION DU ROI.

LE ROI AUX FRANÇAIS.

J'apprends qu'une porte de mon royaume est ouverte, et j'accours. J'accours pour ramener mes sujets égarés, pour adoucir les maux que j'avais voulu prévenir, pour me placer une deuxième fois entre les armées alliées et les Français, dans l'espoir que les égards, dont je peux être l'objet, tourneront à leur salut : c'est la seule manière dont j'ai voulu prendre part à la guerre. Je n'ai pas permis qu'aucun prince de ma famille parût dans les rangs des étrangers, et j'ai enchaîné le courage de ceux de mes serviteurs qui avaient pu se ranger autour de moi.

Revenu sur le sol de la patrie, je me plais à parler de confiance à mes peuples. Lorsque j'ai reparu au milieu d'eux, j'ai trouvé les esprits agités et emportés par des passions contraires. Les regards ne rencontraient de toute part que des difficultés et des obstacles. Mon gouvernement devait faire des fautes, peut-être en a-t-il fait. Il est des temps où les intentions les plus pures ne suffisent pas pour diriger, ou quelquefois même elles égarent.

L'expérience seule pouvait avertir; elle ne sera pas perdue; je veux tout ce qui sauvera la France.

Mes sujets ont appris par de cruelles épreuves que le principe de la légitimité des souverains est l'une des bases fondamentales de l'ordre social, la seule sur laquelle puisse s'établir, au milieu d'un grand peuple, une liberté sage et bien ordonnée. Cette doctrine vient d'être proclamée comme celle de l'Europe entière. Je l'avais consacrée d'avance par ma charte, et je prétends ajouter à cette charte toutes les garanties qui peuvent en assurer le bienfait.

L'unité du ministère est la plus forte que je puisse offrir. J'entends qu'elle existe, et que la marche franche et assurée de mon conseil, garantisse tous les intérêts et calme toutes les inquiétudes.

On a parlé, dans ces derniers temps, du rétablissement de la dîme et des droits féodaux. Cette fable, inventée par l'ennemi commun, n'a pas besoin d'être réfutée. On ne s'attendra pas que le roi de France s'abaisse jusqu'à répondre à des calomnies et des mensonges dont les succès ont trop indiqué la source. Si les acquéreurs des domaines nationaux ont conçu des inquiétudes, la charte aurait dû suffire pour les rassurer. N'ai-je pas moi-même proposé aux chambres et fait exécuter des ventes de ces biens? Cette preuve de ma sincérité est sans réplique.

J'ai reçu, dans ces derniers temps, de mes sujets de toutes les classes, des preuves égales d'amour et de fidélité. Je veux qu'ils sachent combien j'y ai été sensible; et c'est parmi tous les Français que j'aimerai à choisir ceux qui doivent approcher de ma personne et de ma famille.

Je ne veux exclure de ma présence que ces hommes dont la renommée est un sujet de douleur pour la France, et d'effroi pour l'Europe. Dans la trame qu'ils ont ourdie, j'aperçois beaucoup de mes sujets égarés et quelques coupables.

Je promets, moi, qui n'ai jamais promis en vain (l'Europe entière le sait), de pardonner, à l'égard des Français égarés, tout ce qui s'est passé depuis le jour où j'ai quitté Lille, au milieu de tant de larmes, jusqu'au jour où je suis rentré dans Cambrai, au milieu de tant d'acclamations.

Cependant le sang de mes sujets a coulé par une trahison dont les annales du monde n'offrent pas d'exemple. Cette trahison a appelé l'étranger dans le cœur de la France. Chaque jour me révèle un désastre nouveau. Je dois donc, pour la dignité de mon trône, pour l'intérêt de mes peuples, pour le repos de l'Europe, excepter du pardon les instigateurs et les auteurs de cette trame horrible. Ils seront désignés à la vengeance des lois par les deux chambres que je me propose d'assembler incessamment.

Français, tels sont les sentimens que je rapporte au milieu de vous. Celui que le temps n'a pu changer, que le malheur n'a pu fatiguer, que l'injustice n'a pu abattre, le roi, dont les pères règnent depuis huit siècles sur les vôtres, revient pour consacrer le reste de ses jours à vous défendre et à vous consoler.

Donné à Cambrai, le vingt-huitième jour du mois de juin de l'an de grâce 1815, et de notre règne le vingt-unième.

Signé LOUIS.

Et plus bas : Par le roi,

Le ministre - secrétaire d'état des affaires étrangères,

Signé le prince DE TALLEYRAND.

www.ingramcontent.com/pod-product-compliance
Lightning Source LLC
Chambersburg PA
CBHW060937050426
42453CB00009B/1060